D1878827

उदासी का ध्रुपद

कविता-संग्रह

उदासी का ध्रुपद

राजेन्द्र कुमार

लोकभारती प्रकाशन

लोकभारती प्रकाशन
पहली मंजिल, दरबारी बिल्डिंग, महात्मा गांधी मार्ग
प्रयागराज-211 001
वेबसाइट: www.lokbhartiprakashan.com
ईमेल : info@lokbhartiprakashan.com

शाखाएँ : 1-बी, नेताजी सुभाष मार्ग, दरियागंज
नई दिल्ली-110 002
अशोक राजपथ, साइंस कॉलेज के सामने
पटना-800 006

प्रथम संस्करण : 2023

© राजेन्द्र कुमार

सुपर माधव ग्राफिक
प्रयागराज द्वारा मुद्रित

UDAASI KA DHRUPAD
by Rajendra Kumar

ISBN : 978-81-961206-0-3

मूल्य: ₹ 600

पूर्वालाप

आसमान
थोड़ा नीचे आ गया है
ज़मीन के कान में कुछ फुसफुसाता-सा

वीराना है और रा'नाई,
याद है न? —मैं तुम्हें रा'ना ही कहता था

उदासी के वाट्सएप पर
एक मैसेज आ रहा है—'मैं यहाँ हूँ...'
उम्मीद का कोई सूफ़ी फ़क़ीर
'हाल' में झूम रहा है—
'अनलहक़्क़'....
है न!

क्रम

उदासी में उम्मीद

अर्थ कितना 11
आज शाम 12
तो क्या 14
उदासी का ध्रुपद 15
शब्द का नाच 16
क्या फ़र्क़ पड़ता है 17
पैमाना 18
आधारकार्ड 19
कम से कम 20
रोशनी इतनी अकुंठ कहाँ 21
समय-1 22
समय-2 23
बिम्ब-मुक्ति 24
टार्च 25
जो नदी थी 26
27 सुख-दुख
28 तो
29 गाते हुए होना एक बुलबुल...
31 पानी केरा बुदबुदा नहीं...
32 पुराने पन्ने
34 मैं, तुम, वह
35 प्रेम में विचार
37 नहीं अच्छा
38 पोती का बनाया...
40 बुख़ार में स्त्री
42 अपना-सा कोई नाम
43 ज़िन्दगी के पाँव
44 कार्डियोमेगैली
45 कुछ
46 निस्पृह स्पृहा

शब्द का पक्ष

शब्द और कवि 49
आसमान का भूगोल 51
सपना है कि सच है... 53
हवा 54
शोर और आवाज़ 56
बड़ी मात्रा की तरह नहीं 57
कविता और जीवन 58
आवाज़ के कान 59
ऑप्टिक्स 61
कहानी के चरित्रों ने ही... 62
64 खिचड़ी और हम-तुम
66 कवि जी की दिक़्क़त
68 प्रगाणित हुए कवि जी
70 बुद्धिजीवियों की बैठक
71 भयभीत
73 जेती चादर होय पाँव तेते...
75 जुलूस
76 भूख
77 बड़ा दिन : दो कविताएँ
80 नये साल की पहली सुबह

दस्ताने उतार फेंकने का... 82
लोककथा की बकरी 83
शपथग्रहण समारोह 84
शब्दों का दल-बदल 85
दयालु 87
88 ठंड
90 गिरना और गिरना
91 उनकी दुनिया में हम
92 तथागत हे

अपने-अपने कुम्भ

सरस्वती 95
समुद्र-मन्थन 96
दोराहा 98
प्रवचन 100
धर्म-सम्मत 101
103 साइबेरियन पक्षी
105 कहाँ से आ जाती है...
107 आस्था और विचार
109 गठरियाँ

छाया-दर्प

आधा 'प' 113
हम-तुम 114
क्षण-कल्पी 115
हर बार-मेरा पता पूछता 116
मैं-तुम 118
पहला प्यार 119
आती ही हो हर बार 121
बसन्त से निवेदन 122
प्रेमी-प्रेमिका 124
छाया-दर्प 125
खिड़की 126
अँजुरी भर जल 127
128 रोशनी का दिया अँधेरा
129 तोष बस इतना
130 दीवाली की रात
131 नींद-इन दिनों
132 चाँद की रोशनी
133 अनाम नीलापन
135 अब भी
136 कितना सुन्दर जोड़ा
138 दिखा लूँ थोड़ी धूप
139 मेज़ पर जमी धूल
140 कमपन इतना

न होने में होना

कुछ और कविताएँ 143

1

उदासी में उम्मीद

अर्थ कितना

शब्द को कितना अर्थ चाहिए?

इतना कि हम कहें 'पानी'
और बुझ जाए प्यास?
या इतना कि हम कहें 'पानी'
और बढ़ जाए प्यास?

आज शाम

आज शाम मैं कहीं भी नहीं जाउँगा।
नहीं करुँगा इन्तज़ार किसी के आने का,
बैठा रहूँगा यहीं
किसी कोने में अकेला।

कोशिश करूँगा याद करने की—
पहले-पहले मैंने कब
कौन-सा काम किया था लुक-छिपकर
और क़तई नहीं हुआ था पश्चात्तापग्रस्त
कोशिश करुँगा याद करने की—
पहले-पहल मैंने कौन-सी गाली
दी थी किसको,
और ज़रा भी नहीं हुआ था शर्मिन्दा।

आज शाम मैं कहीं भी नहीं जाऊँगा।
बैठा रहूँगा यहीं किसी कोने में
छानता अपने अतीत को
      वर्तमान की छन्नी से,
      पा सकूँ ताकि अपने साहस का द्रव।

उसे पाकर
उसमें घुल जाऊँ
घुलकर दौड़ सकूँ

समय की शिराओं में
अनवरुद्ध
आत्म-मुक्त।

किसी सीने में
अटकी हुई साँस-सा न महसूस किया जाऊँ

गति बनूँ, स्पन्दन बनूँ
चलती हुई नब्ज़-सा
घूमती हुई धरती-सा
ऋतुओं के चक्र-सा।

तो क्या

दाग़ लग गया तो क्या?
कोई हानि नहीं
यह निशानी है
कि दुनिया के कितने अपने हुए हम !

ज्यों की त्यों रख सके न चादर,
कोई ग्लानि नहीं
  ज़िन्दगी का मन तो रख लिया हमने
  कि वह इस बार भी
  अपने रंगों के छीटों को
  किसी आकार में
  महकता देख सके।

अब कहीं कोई हमारा अपना
हमारे न रहने के बाद भी
हमें अपने से अलग तो न करेगा
कह कर हमें महात्मा।

उदासी का ध्रुपद

ऐसे क्षण कम नहीं आते
किसी भी जीवन में
जो पूछ ही लेते हैं—
'खुश तो हो ना'?
जवाब में 'हाँ' का पर्याय बनने को
मचल उठती है
आँखों मे आई कोई चमक
होठों पर आई कोई मुस्कुराहट।

विरल क्षण होता है कोई—सबसे ज़्यादा खुशी का—
जब कुछ भी किसी का विलोम नहीं रह जाता

ख़ुशी मुझे मिलती है
तो और उदास हो जाता हूँ मैं!
क्या इसलिए कि खुशी का मान रखना
मुझे नहीं आता
या इसलिए कि उदासी मुझे आश्वस्त करती है
कि अकेला नहीं हूँ मै।

शब्द का नाच

आवाज़ देह बनकर
देह के मन्दिर में
नाच रही है।

उसकी गति की लय में हैं
देश-काल के घुँघरू।

नश्वरता को पुकार रही है अनश्वरता

अंग-अंग साध रहा है
गति और स्थिरता का अद्वैत।

हम कहाँ हैं? हम कहाँ हैं—
कैसी है यह प्रतिध्वनि
जो सुनाई नहीं देती—
बस, जिसे देखते रह जाना है।

क्या फ़र्क़ पड़ता है

तारा टूटा
तो किसी ने मुझसे कहा :
इतने अनगिन तारों में से
एक के टूटने से
आसमान पर क्या फ़र्क़ पड़ता है?

फ़ौरन एक तारे की
कराह सुनाई दी—
मुझसे पूछो, क्या फ़र्क़ पड़ता है
क्योंकि मैं उस तारे के सबसे पास था
जो अब मुझसे अलग होकर
कहीं खो गया है!

पैमाना

साँस कब से ले रहा हूँ
इसका पैमाना मेरी उम्र है।

जीना कब शुरू किया
या कब शुरू कर पाऊँगा
इसका पता कौन देगा।

मेरी लम्बाई क्या है
मेरा वज़न क्या है
इसकी नाप-जोख में तो
बहुतों की मदद ले सकता हूँ
पर अपनी निगाह में ख़ुद अपने को नाप सकूँ
इसका पैमाना कहाँ से पाऊँ
नाप-जोख की इस दुनिया में।

आधारकार्ड

उन्होंने मुझसे मेरा पहचान-पत्र माँगा
मैंने कहा—कवि हूँ
मेरी कविता ही है मेरा पहचान-पत्र।

—नहीं, आपका आधारकार्ड चाहिए।

आधारकार्ड मैंने दिखा दिया
देखकर उन्होंने मुझे लौटा दिया।

पर कितना लाचार था मैं—कितना आधारहीन
कि न उन्होंने पूछा,
और न ही मैं कह पाया
कि अभी तो इंसान बने रह सकने
का आधार ही तलाश रहा हूँ
जो अभी तक नहीं मिला
आधारकार्ड पा लेने के बावजूद।

कम से कम

लिखता हूँ पहले मैं
इधर-उधर हाशियों पर।

यह काम मैं अपनी कविता पर छोड़ता हूँ
कि वह हाशियों पर लिखे गए को
दोनों तरफ़ से सहारा देकर
बीच में ले आए

कविता इतना भी कर ले
तो मैं कुछ और बन सकूँ, न बन सकूँ
कम से कम इंसान तो बना ही रह सकूँगा।

रोशनी इतनी अकुंठ कहाँ

ऐसी तो अन्धता न दी थी
दृष्टि को
अँधेरे ने
जैसी रोशनी ने दी।

रोशनी इतनी अकुंठ कहाँ
कि जिसको ले अँधेरे से
उसे करना पड़े यदि फिर अँधेरे के हवाले
तो न हो निर्मम,
शक्ति जो विकसित हुई थी देखने की अँधेरे में
रोशनी लेती उसे भी छीन,
छोड़ जाती है अँधेरे में
बनाकर और ज़्यादा हीन।

पर अँधेरा
घना कितना ही न हो क्यों,
सौंपता है जब
किसी को
रोशनी को
नियति अपनी एक पल को भी
न उस पर थोपता है।

रोशनी इतनी अकुंठ कहाँ।

समय-1

सदियों से कोशिश कर रहा हूँ
कि देख सकूँ समय का चेहरा
पर हुआ हमेशा-हर घड़ी यही
कि फुर्ती से
अनुभव का कोई पट
समय ने बुना
और मेरी आँखों पर डालकर
वह साफ़ बच निकला।

अब क्या फ़ायदा बार-बार मुझसे
यह पूछने से
कि चेहरे से कैसा लगता है समय?

अलबत्ता कह सकता हूँ—
ख़ूबसूरत वह जब भी दिखा
प्राय: तभी दिखा जब
उसकी पीठ हो चुकी थी मेरी तरफ़।

समय-2

और फिर
समय अपना चेहरा
ख़ुद भी कहाँ देख पाता है?
जैसे मुझे, वैसे ही समय को भी
चाहिए होता है आइना।

समय के लिए आइना होता हूँ मैं
और
मेरे लिए आइना होता है समय।

दो आइने—समानान्तर
मैं और समय।

और सृष्टि के प्रतिबिम्ब
बनते जाते हैं
अनन्त

बिम्ब-मुक्ति

ज़िन्दगी— जो
    एक ऐसी धूपघड़ी हो
    कि किसी परछाईं के सहारे
    नापना पड़े
    कि उम्र की किस घड़ी में
    कहाँ पहुँचे हम—

क्या करें इस ज़िन्दगी का?

पापमुक्त होने की चाह नहीं मुझको
लो, एक और शीशा तोड़ता हूँ मैं
शायद कुछ बिम्ब शापमुक्त हो जाएँ।

टार्च

ज़रूरी था अँधेरे में मेरा निकलना
मैं निकला।

हाथ में टार्च थी
टार्च आन करते ही
लगा—
    रोशनी का एक गोला
    अँधेरे के सीने में जा लगा है।

अँधेरा कितना आहत हुआ होगा
मैं सोचने लगा

पर अँधेरा तो मुस्कुरा रहा था
कृतज्ञ-भाव से
मानो कह रहा हो—
    सुबह सूरज आएगा
    मेरे अस्तित्व को ही मिटा देगा,
    तुम इंसान हो
    तुमने रात में
    कुछ पलों के लिए ही सही
    मेरे अस्तित्व को जगा दिया।

जो नदी थी

समुद्र के किनारे था
मुझे पहाड़ की याद आई।
पहाड़ पर था
मुझे समुद्र की याद आई।

दरअसल
याद तो आ रही थी वह नदी
जो पहाड़ से निकलती है
और समुद्र में जा समाती है।

सुख-दुख

इस बार देर नहीं लगी
मैंने सुख को याद किया
वह तत्काल आ गया।

इतना अपना तो किसी का
कभी नहीं रहता सुख।

अब दुख जाने कहाँ चला गया होगा !

पर मैं जानता हूँ
वह लौटेगा
दुख कहीं भी मेहमान बनकर नहीं जाता
हर घर को वह अपना घर समझता है।

तो

अक्सर कहीं निकलता हूँ किसी काम से
कुछ परिचित मिल ही जाते हैं
कहीं जाते हुए

बिना रुके हाथ हिलाते हैं
पूछते हैं—'ठीक तो हैं?'
'हाँ, ठीक हैं', जवाब भी उतना ही संक्षिप्त
मुस्कुराता हुआ

पर यह तो मानो, उन्हीं के प्रश्न की प्रतिध्वनि हुई

वरना जवाब तो यह होता—
कुछ भी कहीं ठीक से है क्या?

गाते हुए होना एक बुलबुल का मेरी कविता में

पेड़ की डाल पर बैठी है बुलबुल
शायद उसे यह एहसास हो कि वह
जहाँ है, जीवन में है

हालाँकि उसे—हमारी तरह—यह कहाँ पता होगा
कि जिस पर बैठी है, वह डाल है,
और जो डाल है, वह जिसकी है, वह
पेड़ है!

वह पेड़ की डाल पर बैठे-बैठे
आ रही है मेरी कविता में
पर उसे कहाँ पता है कि वह
मेरी कविता में आ रही है

वह पेड़ की डाल पर बैठे-बैठे गा रही है
गर उसे कहाँ पता है कि वह गा रही है

यह तो मेरी कविता ने जासूसी की
कि उसके बोलने में छिपे
उसके गान को पा लिया,
अब वह मेरी कविता में गा रही है

पेड़ की डाल पर उसे गाते हुए देखना
मेरी कविता की चिर कामना है

पर कैसे पता करूँ कि अगर
उसे पता लग सके किसी तरह
कि वह कविता में गा रही है,
तो उसे कैसा लगेगा?

मैं कोई क़यास नहीं लगा सकता
कि कब तक देखता रह सकूँगा उसे
पेड़ की डाल पर बैठे गाते हुए

क्या पता अगले किसी भी क्षण
वह पेड़ की डाल पर न हो

रोमांचित हूँ यह सोचकर
कि होगी वह मेरी कविता में

पर यह कैसा रोमांच है
जिसके उष:काल में ही
आशंका की शाम घिर आई है !

वह पेड़ की डाल पर है
तो आज़ाद है—डाल से उड़कर कभी
कहीं भी चल देने को

पर मेरी कविता में ?

पानी केरा बुदबुदा नहीं, साँस का बैलून

कितने दिन से
ज़िन्दगी थी चार दिन की

हो गई रफ़्तार इतनी तेज
चार दिन भी
रह गए दो क्षण !

एक क्षण यह—
जब सरे-बाजार भौंचक हम
कि क्या ले लें, न लें क्या

लग रहा सब कुछ ज़रूरी

और अगला क्षण
न जाने क्या नया ले आय
सब कुछ फ़ालतू हो जाय

न हो ज़िन्दगी—
बस साँस हो
भरी बैलून में
बिकती कहीं
बाज़ार में दिख जाय।

पुराने पन्ने

कागज़ के कुछ पन्ने
रखे दिख गए
अलमारी के एक ख़ाने में

कभी रख कर भूल गया होऊँगा
धरे के धरे रह गए
अनलिखे

कितना इन्तज़ार रहा होगा इन्हें
कि इन पर भी कोई इबारत उतरे
और रच उठे

अब एकदम पीले पड़ गए हैं ये पन्ने
एकदम बदरंग कत्थई-जर्जर, ज़रा-सा छूने पर
टूट सकते हैं

(ऐसे ही दुनिया में
कितनी ही चीज़ें
धरी की धरी रह जाती होंगी
भुलाई जाकर!)

अब ये पन्ने
क़लम की नोक का दबाव ज़रा भी सह नहीं सकते

अक्षर भले ही अक्षर हों
ये पन्ने तो क्षर हैं न!
ये अब किसी काम के नहीं

पर नहीं, याद आया वह बच्चा
जो कहीं भी
कुछ भी खींचता रहता है
रंगीन पेंसिल या चाक से
बिना डरे कि दीवार ख़राब हो जाएगी या
दरवाज़ा...

ये पन्ने उसके काम के हो सकते हैं
वह इन पर भी कुछ न कुछ
खींचाखाँची कर सकता है
मगन-मन

कागज़ों के टूटने-फूटने की आवाज़ भी
उसके लिए कुतूहल का विषय होगी
दुख का नहीं...

सुनेगा वह बजता
निर्गुण निराकार शब्दों का इकतारा

अभी वह हमारी तरह अर्थग्रस्त नहीं हुआ है

ये बदरंग कागज़
उसे अपनी भुरभुरी आवाज़ के विस्मय में
विचरण का सुख देते हुए
बिनस भी जाएँ तो अहो भाग्य !

मैं, तुम, वह

वह कोई चीज़ नहीं थी जिसके
तीन टुकड़े कर दिए गए हों

वे तीन इकाइयाँ थीं—
अपने-अपने में साबुत और स्वतन्त्र
अलग-अलग भी अविलग

पूरी न हों
तो भी
कोई किसी का टुकड़ा नहीं

गड़बड़ी थी देखने की तमीज़ में

तमीज़ को ख़ुद इतनी स्वतन्त्रता न थी
कि वह किसी अधूरेपन के वजूद को
सम्मान की नज़र से देख सके,
जहाँ भी कुछ दिखता
वह समझती, किसी अदृश्य 'पूरे' का टुकड़ा है

ओह, अदृश्य 'पूरे' का ऐसा आतंक !

प्रेम में विचार

मुझे आभास पहले ही हो गया था
सचाई के हाव भाव से
कि विचार से उसे
हो गया है प्रेम

यथार्थ बहुत ही क्रूर है
उसे कैसे मंज़ूर होता
यह रिश्ता

यथार्थ चौकन्ना हो गया
और भी ज़ियादह
और भी कड़े कर दिए उसने
अपने पहरे

मगर वह प्रेम भी क्या प्रेम
जो हार मान ले
राह न बना सके जो अपनी
कड़े से कड़े पहरे में भी

मुझे पता था
सच्चाई अब क्या करेगी
अपने प्रेम में दीवाना बना देगी
ख़बर मिली एक दिन
सच्चाई विचार के साथ कहीं भाग गई है

मैं खुश हुआ
लेकिन तभी से
इन्तज़ार में हूँ व्याकुल भी
कि सच्चाई और विचार
कब लौटेंगे साथ-साथ
बेख़ौफ़ होकर
और दिखेंगे अपना घर बसाते
कहीं मेरे पड़ोस में।

नहीं अच्छा

ऐश में हम,
उधर ज़मीर सिर धुने अपना
रूह से जिस्म का यों रूठना नहीं अच्छा

साँस आती रहे,
जाता रहे सुकूँ तिल-तिल
साथ हमराह का यों छूटना नहीं अच्छा

ग़म परिन्दा है,
घर बनाया है तिनका-तिनका—
इस तरह बना है दिल,
यों टूटना नहीं अच्छा

पोती का बनाया चिड़िया का चित्र

मेरे पास सिर्फ़ एक रंग था
और वह भी कहाँ था मेरे पास?
मेरे पास तो सिर्फ़ एक कलर-स्टिक थी
जो मेरी पोती ने
अपने स्कूल के बस्ते में
रखे कलर-बॉक्स से
निकाल कर मुझे दी थी
उस चित्र में रंग भरने के लिए
जो ख़ुद उसने बनाया था

मुझे सूझा ही नहीं
उस चित्र में रंग किस छोर से
भरना शुरू करूँ

चित्र देख कर लग रहा था
कि वह एक चिड़िया का चित्र है

मैंने सबसे पहले उसकी चोंच में
रंग भरने को स्टिक चलाई
तभी पोती बोल उठी—
पहले चिड़िया के पंखों में रंग भरिए दादू

पंख ही नहीं
तो चिड़िया चिड़िया कैसे रहेगी?
उड़ेगी कैसे
उस कहानी की चिड़िया की तरह
जो कल ही आपने मुझे सुनाई थी

मेरा मन किया
एक चिड़िया मैं भी बनाऊँ
जो मेरी पोती की तरह चहक उठे

पर, तभी से सोच रहा हूँ
चिड़िया तो शायद मैं उस
चिड़िया से भी अच्छी बना लूँगा
जो मेरी पोती ने बनाई है
पर चहक?
चहक को दिखाऊँगा कि किस रंग से !

बुख़ार में स्त्री

बुख़ार में तप रहा है स्त्री का माथ
बरफ़ की पट्टी
उसके सिर पर रखने की बात हो रही है

बुखार ने शायद कई बन्द दरवाज़े
खोल दिए हैं स्त्री के मन के
वह पता नहीं क्या-क्या
कह रही है नीमबेहोशी में

कभी उस बेटे का नाम लेती है
जो कहीं बाहर है,
बेटी-जो कहीं बहुत भीतर है उसके
आवाज़ देती है उसे
जैसे वो
कहीं खो गई हो

कभी-कभी वह
कुछ ऐसे नाम भी लेती है
जिन्हें कोई नहीं जानता
कि उन नामों वाले
उसके क्या लगते होंगे

स्त्री मानो, इस वक़्त
एकदम बेख़ौफ़ है

आसपास बैठे लोगों को सिर्फ़ इतना ही
पता है कि वह अस्वस्थ है,
वे सिर्फ़
उसके स्वस्थ होने की फ़िक्र कर रहे हैं
ताकि वह
पूरे होश में सिर्फ़ वही बोले
जो वे सुनना चाहते हैं।

अपना-सा कोई नाम

उम्मीद एक ज़िद्दी बच्चे की तरह
मेरे साथ रहे
मैं अपने बूढ़े कन्धों को आज़माता रहूँ,
काँपती बाँहों से उसे
अपने कन्धों पर लेकर
तमाम   अनजाने—
आपस में रगड़ खाते कन्धों से थोड़ा ऊपर
उचकाकर
दिखा सकूँ— कहीं दूर किसी पेड़ की
    फुनगी पर फुदकती
    चिड़ियों का अपना एकान्त

चिड़ियों का नाम वह पूछे
तो मनुहार करूँ—
    रख दे वही उनका
    कोई अपना-सा नाम!

ज़िन्दगी के पाँव

ज़िन्दगी अपने पाँवों में जूते पसन्द नहीं करती
नंगे पाँवों चलती रहती है धरती पर
धरती चाहे कितनी भी कठोर हो

सुहाई ही नहीं ज़िन्दगी को
बेदाग़ बने रहने की सलाह
कीचड़-काँदों में भी उसने
अपने पाँवचे उठाने की ज़रूरत नहीं समझी

ज़िन्दगी ने अपने पाँव सिकोड़े ही नहीं कभी
किसी भी दी हुई चादर के मुताबिक़

चादरें बुनी गईं एक से एक बढ़कर
दुनिया में
ज़िन्दगी के पाँव
हमेशा बाहर ही रहे
हर बार

कार्डियोमेगैली

डॉक्टर ने कहा
आपका हार्ट इन्लार्ज हो गया है

कितना फ़र्क़ पड़ जाता है
अपनी ख़ुद की ज़बान के एक लफ़्ज़ की जगह
पराई ज़बान के लफ़्ज़ के आने से!

काश, सुनने को मिलता—
आपका दिल बड़ा हो गया है।

तब मैं दुआ कर पाता सबके लिए
कि सबका दिल मेरी ही तरह बड़ा हो जाए!

कुछ

छूट तो जाता ही है हर बार
हर यात्रा में   कुछ न कुछ

इस 'कुछ-न-कुछ' में
कितना कुछ   'सब कुछ' है,—
कुछ कितना ही 'कुछ भी' न हो

इसी कुछ में तो हिस्सा है सारे सचराचर का
बावजूद इसके कि किसी का कुछ भी नहीं

निस्पृह स्पृहा

सड़क के उस पार वाले बिजली के खम्भे से
जो तार मेरे घर आता है
क्या वह सिर्फ़ बिजली ही लाता है

इस वक्त
तार में बिजली आ रही है या नहीं—
मुझे नहीं पता

पर, तार पर चलती हुई
एक गिलहरी ज़रूर
दिख रही है आती हुई
इधर ही

उसे क्या पता, यह तार
किसके घर क्या ले जाता है

कितनी निस्पृहता से
यह गिलहरी अपनी स्पृहा में है

2

शब्द का पक्ष

शब्द और कवि

वे शब्द थे
गिरते-पड़ते भागते चले आ रहे थे मेरी ओर
जैसे हो उनकी जान को कोई ख़तरा,
जैसे कोई उनका पीछा कर रहा हो

शायद उन्हें
मुझसे कोई उम्मीद थी सहारे की

बहुत सँभलने की कोशिश के बावजूद
हाँफते हुए जैसे वे बेदम हो रहे थे,
मुझ तक आते-आते
गिर पड़े कागज़ पर

जब तक मैं उनकी उम्मीद को समझता,
उठाता उन्हें सहारा देकर
लाता उन्हें जीवन में
कागज़ पर वे कविता समझ लिए गए थे

देख रहा हूँ,
एक हसरत हैं उनकी आँखों में
जैसे, उठने की कोई भी कोशिश

छोड़ना नहीं चाहते वे शब्द,
उन्हें कहीं पहुँचना है

वे शब्द हैं,
उन्हें कहीं पहुँचना है
कविता के बाहर भी

आसमान का भूगोल

यहाँ कुछ भी बँटा हुआ नहीं है
अक्षांश या देशान्तर जैसी कल्पित रेखाओं से

यहाँ सब कुछ वास्तव है
अविच्छिन्न और अविभाजित

ग्रह-नक्षत्र छोटे-बड़े तो हैं
पर किसी से कोई नहीं पूछता
　　कि तुम किस देश के नागरिक हो
　　कि तुम्हारा धर्म क्या है
　　क्या है तुम्हारी जाति, तुम्हारा मज़हब क्या है

सबको अपना-अपना होना महसूस करने का
बराबर का हक़ है

सूरज—यहाँ बिना किसी सशर्त अनुबन्ध के—
चाँद को अपनी रोशनी देता है

तारे—इतने सारे—छोटे बड़े
पर कोई किसी से ईर्ष्या नहीं करता

यहाँ ख़ुद आसमान की ही तरह
सब कुछ निस्सीम है,

नीला है तो भी
अन्य रंगों की सम्भावना के साथ

बारिश हो रही हो और शाम भी
तो भी   रुक कर दोनों इन्तज़ार करते हैं
    ऐसे सतरंगी धनुष का
    जिस पर किसी इन्द्र का दावा नहीं रहता,
    जहाँ कोई ऐसा धनुष भी नहीं होता
    जो किसी निशाने पर
    तीर साधने के काम आता हो

बस रंग होते हैं
छोटी-बड़ी बूँदों के प्रिज़्म से
विकिरित होते हुए

और मिलते हैं
    तो एक रंग होता है—रंगहीन—
    कितने रंगों की आत्मा—
    सूर्य की एक-एक किरन
    ज़िन्दगी की एक-एक देह में...

यह आसमान का भूगोल है प्यारे

सपना है कि सच है कि भ्रान्ति

क्या करें?
आँखें खुली रखें तो देखा नहीं जाता कुछ भी
बन्द करें तो नींद आना नहीं चाहती...
सपने अलबत्ता ज़िद्दी बच्चों की तरह
आते चले जाते हैं
अपनी अनउलझी मासूमियत के साथ।
जैसे कि, एक सपना यह
कि हम सब खुश हैं छोटी-छोटी लड़ाइयों में शरीक़ होते—
जो किसी सचमुच के बड़े सच
के लिए लड़ी जानी हैं

तभी खयाल आता है—
सच सिर्फ़ सच होता है
न थोड़ा ज़ियादह, न थोड़ा कम...

'छोटा-बड़ा' जैसे विशेषणों की फ़ौज
जिसके आगे-पीछे चले
वो 'सच' कहाँ?
वह तो बस भ्रान्ति होती है
जिसे सत्ताएँ पालती हैं
खुशफ़हमी के लिए
कि वे सुरक्षित हैं।

हवा

हवा चिन्तित है, उदास है, शर्मिन्दा है

'खुली हवा में साँस लेना'—
क्या सिर्फ़ एक मुहावरा बनकर रह जाएगा?

मुहावरों के लिए भी
अब हमारी बोली-बानी में
जगह ही कितनी रह गई है?

शब्दों को भी चीज़ों में
तब्दील कर लेने की महारत
हासिल कर ली गई है।
चीज़ें ही चीज़ें हैं
ख़रीदने-बेचने के लिए।

कुदरती हक़ की तरह पाने के लिए
बचा रह सकेगा क्या कुछ भी?

हवा के गले में
चीज़ें इस तरह फँस जाएँगी कि
भाषा की साँस भी रुक जाए!

हवा अपने होने का सबूत क्या देगी?

क्या मुँह दिखाएगी उन्हें, जो उसमें
साँस लेने की
आस—अभी भी—लगाए बैठे हैं!

हवा चिन्तित है   उदास है शर्मिन्दा है
कि क्या हो गया है उसे
कि जिन फेफड़ों में वह
प्राण की तरह विचरती रही,
वहीं
विष की तरह चुपचाप व्यापने को
विवश कर दी गई है।

शोर और आवाज़

शोर को इतना भरोसा है
अपने सुने जाने का
कि उसमें
कुछ भी सुना नहीं जा सकता।

शोर किसी का अपना नहीं होता—
सबका होने के वहम के सिवा।

आवाज़ ही होती है— जो हो सकती है अपनी—
कितनी भी अकेली हो
तो भी

भरोसा आवाज़ ही है,
शोर नहीं।

बड़ी मात्रा की तरह नहीं

नहीं चाहता
कि मेरा वजूद
किसी क्रियापद के साथ
बड़ी मात्रा की तरह पहचाना जाए।

बड़ी मात्रा का होना—
क्रिया के पूर्ण होने का भ्रम,
मात्र एक विरामचिह्न की ऐंठ को
सह्य बनाता हुआ—असह्य...

हाँ, एकदम असह्य।

कविता और जीवन

कविता कविता की तरह लिखें,
जीवन जीवन की तरह जिएँ
तब कविता में आ जाएगा जीवन
जीवन में आ जाएगी कविता।

कविता में जीवन आ जाएगा
तो उसे सुनकर कोई सिर्फ़ झूमेगा नहीं,
महसूस करेगा—
रोम रोम में व्यापने को
आ रही कोई शै
जैसे चाँद में आती है रोशनी।

जीवन में कविता आ जाएगी
तो नहीं रह जाएगा जीवन—सिर्फ़
अपने लिए जीने की चीज़।
जीने को
जब भी होंगे दुनिया में,
होंगे,—जैसे फूलों में होता है रंग
जैसे फलों में होता है स्वाद।

आवाज़ के कान

जाने कब से डरा रहा है तुम्हें
यह मुहावरा
कि दीवारों के भी कान होते हैं।

इस डर से
तुम अपने अन्दर की आवाज़ को
बाहर आने ही नहीं देते
सी लेते हो अपने होंठ।

तुम अपने कान को भी
दीवार मान लेते हो
और बाहर की सारी पुकारें भी
इस दीवार के उस पार ही रह जाती हैं

तुम्हारा दिल भी धड़क रहा होता है
तुम्हारे सीने की पसलियों की दीवार की आड़ में।

तुमने कभी सोचा
कि आवाज़ के भी कान होते हैं?
आवाज़ ख़ुद को भी सुन लेती है
अपने कानों से;

इन कानों से कुछ भी
अनसुना नहीं रह सकता
न भीतर का न बाहर का।

इन आवाज़ों को पहचानो तो!
ये तुमको अपनी धड़कनों की बहुत
आत्मीय लगेंगी—अनन्य भी
ये तुम्हें शक्ति देंगी

स्वीकारो तो—
उस सब कुछ को अस्वीकार करके
जो तुम्हारी आवाज़ का गला घोंट देना चाहता है।

ऑप्टिक्स

सचमुच
प्रकाश की एक भी किरण
कहीं से मिल जाए
तो क्या नहीं कर सकता वह?

ज़िन्दगी
उसे सिर्फ़ डार्करूम मालूम होती है।

प्रकाश पर कुछ प्रयोग करके
अभी-अभी निकला है वह डार्करूम से,
धूप में उसकी आँखें मिचमिचाती हैं।

सूरज अब उसे अपनी उम्मीद का सूरज
नहीं लगता।

दिन—
जैसे शून्य में
पूरब से पश्चिम तक
फैली हुई एक आप्टिकल बेंच हो,
सूरज जिस पर रोज़
महज़ एक लेंस-सा
खिसकाया जाता रहता है।

कहानी के चरित्रों ने ही उन्हें टोका

उन्हें क्या पता
अपने तजुर्बों के खेत की जुताई में
हमने मेहनत की थी
एक किसान की तरह।

जैसे धान रोपा जाता है,
खेत में रोपा था उन चरित्रों को
जो ज़िन्दगी में पहले ही आ चुके थे।

गोड़ाई-निराई की थी कितनी बार,
कैसी-कैसी मेंड़ें बनाई थीं ताकि
खेत को चाहिए जितना पानी
वह खेत में बना रहे।

आँखों में आती नींद के साथ
कितनी-कितनी रातों बरती थी बेरहमी।

कितने-कितने दिनों
देह को सिझाया था
उमसीली धूप में

तब जो उपजा था, वही तो था मेरे पास।

लेकिन उनके लिए तो वह सिर्फ़

कागज़ पर उतरी एक कहानी थी
भाषा की सेज पर पसरी।

उन्हें भाषा की सेज पर कुछ सिलवटें दिखीं
लग गए तुरत सिलवटें ठीक करने

'नहीं'—कहानी के चरित्रों ने ही उन्हें टोका—
'ये सिलवटें ही न दिखें
तो कैसे लगेगा कि हमारे होने से
कुछ हुआ है—कुछ—
उम्मीद से चाहे कितना भी कम !

खिचड़ी और हम-तुम

दाल और चावल
इसका यह रंग, उसका वह रंग
इसकी यह मात्रा,
उसकी वह मात्रा
पर, पके दोनों साथ-साथ
एक ही आग पर
एक ही बर्तन में
एक ही समय तक

यह समवर्तिता
रह गई मगर फिर भी बेस्वाद!
आख़िर क्यों?
—नमक न था।

हम और तुम
यह रंग और वह रंग
यह मत और वह मत

पर, घिरे रहे दोनों साथ-साथ
एक-सी समस्याओं से
एक ही देश में
एक ही काल में

यह समवर्तिता भी
ला न पाई जीवन में मगर कोई ताब!
आख़िर क्यों
        आख़िर क्यों?

कवि जी की दिक़्क़त

कुछ बहुत ज़रूरी काम किए मैंने
इन्कम टैक्स बचाने के लिए,
और लिखीं कुछ बहुत ज़रूरी कविताएँ

कुछ फ़र्जी रसीदें जुटाईं
कुछ विकास-पत्र ख़रीदे
बदले में मिली छूट
वर्तमान के लिए
सुरक्षा भविष्य के लिए।

पी. एफ. से लोन और आफ़िस से
छुट्टी पाने के लिए
बीमार पड़ा
और लिखी कविता।

बच्चों के इम्तिहान की चिन्ता में दुबला हुआ
देश का भविष्य उनके हाथों में है,
उनकी अंकतालिका पर प्रथम श्रेणी हो
इसके लिए माथापच्ची की
और कविता लिखी।

गौतम-गाँधी की जीवनियाँ
पाइथागोरस की प्रमेय

बायल का नियम—
सब कुछ
पढ़ाना था बच्चों को, पढ़ाया
और कविता लिखी।

कविता लिखते-लिखते पाया—
मैंने तो सिर्फ़ कागज़ काले किए हैं
और मौसम काफ़ी बदल गया है
फगुनहटा पेड़ों को और तेजी से झकझोर रहा है
जगह-जगह सड़क
सूखे पत्तों से बिछी पड़ी है

दुनिया भर की हरियाली
लुगदी बनने चली गयी है
कागज़ बनने के लिए

वह कविता मैं कैसे लिखूँ
जो गूँगे कागज़ को—ज़ुबान दे
दुनिया भर की हरियाली जिसके लिए
लुगदी बनने चली गयी है

प्रमाणित हुए कवि जी

कवि जी ने लिखी एक बहुत ख़तरनाक
कविता
और सारे ख़तरे दूर हो गए।

फिचकुर को फूत्कार में बदलने का
रसायन जगह-जगह सुलभ था ही
कवि जी ने भी थोड़ा-सा लिया

लेकिन उनकी परखनली—थोड़ी
अलग किस्म की थी—भाषा के
चिकने काँच की,
इसमें इतिहास-रस की कुछ बूँदें
उन्होंने डालीं
सत्त निचोड़ दिया कला का
भरपूर
और अपनी प्रतिभा की आँच दी

रंग आता दिखा लाल—
कुछ-कुछ सुनहरा लाल!

सैम्पुल भेजा गया गुनी जाँच-कर्ताओं को
मिल गया प्रमाण-पत्र—
रंग सचमुच लाल था,

सचमुच—सुनहरा ख़तरनाक
यही तो उसे कविता बनाने वाला तत्त्व
था—
ख़तरनाक मगर सचमुच सुनहरा!

कवि जी धन्य हुए
कवि जी दूर के दर्शन के हुए
कवि जी अख़बारों के हुए
कवि-दरबारों के हुए
यारों—कविप्यारों के हुए।

ख़तरनाक कविता की उपलब्धि यह रही
कि सब उसे भूल गए
कवि जी कि उपलब्धि यह रही
कि उन्हें और अधिक याद होता गया अपना
नाम।
छपता रहा जो अख़बारों में सचित्र
बार-बार पुरस्कृत होकर।

फिर कवि जी ने जो कुछ लिखा
विद्रोह के शिल्प में लिखा
इतने सधे हाथों
कि टूटा-गिरा नहीं ज़रा भी कहीं कुछ
खरोंच तक नही आई व्यवस्था के स्थापत्य को।

प्रमाणित हुए कवि जी कलाकार
सिद्धहस्त!

बुद्धिजीवियों की बैठक

सबसे ज़्यादा फ़िक्र थी उन्हें गम्भीरता की।
गम्भीरता थी कि
चुटकियों में हासिल हो गई।

अब करने को कुछ भी नहीं था
सिवा विचार करने के।

विचार उन्होंने किया
भरपूर गम्भीरता से।

बैठक देर तक चली
और शाम जल्दी हो गई।

आसमान से गिरकर कहीं कुछ भी
खजूर पर नहीं अटका
न अँधेरा न औंघाई।

वे निकले गम्भीरता से बाहर
ज़ाहिर है कि बैठक ख़त्म हो गई थी
और उनकी ज़िम्मेदारी भी!

भयभीत

भयभीत वे भी हैं, जो
चीख़ रहे हैं
भयभीत वे भी हैं, जिनकी
घिग्घी बँधी है
भयभीत वे भी हैं, जो
भाग रहे हैं

भयभीत वे भी हैं, जो
डटे हैं स्तब्ध
मगर वे कायर नहीं हैं
कायर हैं वे, जो
भयभीत बने रहना चाहते हैं
इसलिए कि सुरक्षित रह सकें।

और, सच पूछिए तो कैसे कहूँ
कि भयभीत नहीं हूँ मैं ख़ुद भी।

दिल पे हाथ रख के बोलिएगा –
आपका क्या ख़याल है अपने बारे में।

अच्छा, तो आप भी
निकले अपनी ही बिरादरी के.
तब तो मैं थोड़ा भयमुक्त हो सकता हूँ।

भय बिरादरीपन पैदा करता है
बशर्ते स्वाभाविक हो उतना ही
जितनी घृणा।

घृणा कर सकें हम
उन सबसे, जो भयभीत करते हैं
तो—भयभीत भी होंगे तो भी
कायर तो नहीं होंगे।

जेती चादर होय पाँव तेते पसारिए

सब खुश थे
चादर पा,
जब-जब जिसको जैसी पड़ी ज़रूरत
उसे बिछाया
ओढ़ा,
लाख टके की सीख मिली थी साथ
उसे भी कभी न छोड़ा

जै-जैकार हुआ दाता का
होते-होते
महसूस हुआ—
दुखतें हैं पाँव सभी के
सीधे खड़ा न हुआ जा सके
अपने पाँवों

रोग कौन यह
एक साथ लग गया सभी को
लाचारी से
सबने देखा एक-दूसरे को
अचरज से!

कोई क्या कर सकता था, सब ही थे
एक विपत के मारे!

चुप-चुप सबको
एक साथ सोचते देख
दातागण काँपे
सोचा, लाख टके की सीख पुनः दोहराएँ
दोहरा सके न भय से
देख रहे थे—
उनकी दी चादर
सब के सब
        फेंक रहे थे।

जेती चादर तेते पाँव पसारे
दुखने लगे तभी तो
सिकुड़े-सिकुड़े।

ऐसी हर चादर चाहे जिसकी भी दी हो
नहीं चाहिए,
अच्छा है वह फट जाए
जाएँ उड़ उसके चिथड़े-चिथड़े।

जुलूस

मैं यहीं रहता हूँ
इसी तरह के किसी मोड़ पर
जुलूस जहाँ से अक्सर गुज़रते हैं।

हर बार
नारों की अनुगूँजें
कितनी अकेली
कितनी ख़ामोश !

केंचुल की तरह मिलती है
छूटी इस राह पर
        गुज़र गए पाँवों की छाप।

आप?
यहाँ खड़े हैं!
यहीं कहीं रहते हैं क्या आप भी?
मैं पूछता हूँ उनसे,
क्या सिर्फ़ यह सुनने के लिए—
'नहीं, मैं तो जुलूस **देखने** आया था।'

भूख

जहाँ-जहाँ है जीवन
वहाँ-वहाँ ही हूँ मैं

साँसों ने अपना धागा
महीन से महीन रन्ध्र में पिरोया
मेरे लिए अवकाश बनाकर ही पिरोया
मैं जीवन का स्व-भाव हूँ
मौत की तो मैं कुछ लगती ही नहीं

अफ़वाह है यह—निरी
कि मरा कोई तो मेरे होने से मरा

मरते हैं लोग तो उनके होने से
जो दुनिया की हर नेमत को
मानते हैं अपनी व्यक्तिगत सम्पत्ति

और जो
जीवन को जीते नहीं
सिर्फ़ अपनी तिजोरी की तरह इस्तेमाल करते हैं।

बड़ा दिन : दो कविताएँ

।। एक ।।

ऐसा ही कोई दिन था
जब मैं पैदा हुआ था।
कोई भी कहीं भी पैदा होता है
ऐसा ही दिन होता है—
जन्मदिन
मगर सिर्फ़ पैदा होना जीसस होना नहीं होता।

।। दो ।।

कल्पना कर सकता हूँ मैं—
उस रात
अँधेरा रहा होगा कितना घना
हवाएँ रही होंगी कितनी बर्फ़ीली

मगर कल्पना नहीं कर पाता उस तारे की
जो उस रात
एकाएक उगा होगा आकाश में
और शेष सभी तारों की आँखें
जिसकी ओर उठ गई होंगी।

नहीं कल्पना कर पाता मैं
उस स्वर्ग-दूत की भी
जो प्रकटा होगा उस रात
उल्लसित हो,
और किसी मसीहा के जन्म का सुसमाचार
देकर हो गया होगा जो ओझल।

वाकई क्या मेरी कल्पना-शक्ति
क्षीण हो चली है?
या वाकई दृढ़तर हो चला है
मेरी कल्पना का यह संकल्प
कि सच कैसा भी भी सलूक करे उसके साथ,
वह कभी भी नहीं छोड़ेगी सच को
अकेला और असहाय।

मैं किसी मरियम की कल्पना नहीं कर सकता
न किसी सन्त जोसेफ़ की,
पर कर सकता हूँ कल्पना
किसी भी क्षण
ऐसी माँ और ऐसे पिता की,
जिन्हें अभी-अभी अपने
नवजात शिशु का मुख देखना नसीब हुआ है
और जो
अपने नसीब की तरह अपने शिशु का
मुख चूम रहे हैं

हालाँकि
आकाश में कोई भी तारा
इनके इस शिशु के नाम पर नहीं चमकता
और न कहीं कोई स्वर्ग-दूत
आता है इनके शिशु के बारे में कोई घोषणा
करने।

नये साल की पहली सुबह

सारे शोर-शराबे की ढलान पर
अपना सब कुछ हमें सौंप कर
दबे पाँव
चला जा रहा था जो थका-थका सा,
हमने आँख भर
उसे निहारा
प्यार से थपथपाये उसके कंधे,
कहा उसे—अलविदा।

सुबह हो चुकी है—कितनी ही धुँधली हो,
परों को फुला कर
अपनी आवाज़ में
गरमाहट को से रही है गौरैया

दिन किसी का हो,
सूरज अपना है।

हमें भरोसा है अपने सूरज पर।

माना कि कोहरे का दिमाग़ आसमान पर है
और नज़र ज़मीन पर,
मगर कब तक

ठूँस कर रक्खेगा
वह अपनी जेब में
हमारे सूरज को?

सूरज कोई सिक्का नहीं है।

वह उसकी जेब को झुलसाकर आएगा बाहर।

दस्ताने उतार फेंकने का समय

कंटोपों और ओवरकोटों से ढके-तुपे
बदनों के रोंगटे नहीं खड़े होते
कौन बताए उन्हें कि समय जम गया है।

हमारे कानों की लवें ठंडी हो रही हैं
समय की बर्फ़ से भाप उठ रही है।
हमारे बदन का रोंवा रोंवा
बड़ी फुरती से आगाह कर रहा है—
फ़िलहाल किसी भी दस्ताने पर भरोसा
नहीं करना चाहिए हमारी उँगलियों को
उसका ऊन चाहे कितना भी उम्दा हो
उसकी बुनावट में अपनापे के चाहे कितने भी फन्दे हों।

वह हमारी उँगलियों को ठंड की मार से
कितना भी सुरक्षित रखने का दम भरे।

समय की बर्फ़ से भाप उठ रही है
फ़ौरन हमें अपनी उँगलियाँ दस्ताने से
बाहर कर लेनी चाहिए
नंगी उँगलियाँ एकसाथ गड़ा देनी
चाहिए बर्फ़ पर
भले ही उँगलियाँ सुन्न होने लगें,
गलेगी सिर्फ़ बर्फ़...।

लोककथा की बकरी

एक बकरी थी
जिसने भेड़िये का पेट फाड़ कर
अपने चारों बच्चों—चेऊँ-मेऊँ अल्लो-बल्लो
को बाहर निकाल लिया था।

हिम्मती बकरी
जो अपनी ममता के पक्ष में निर्मम होने का मर्म जानती थी
लोक-कथा में ही रह गई।

लोक में चल रहा है मुहावरा—
बकरियों की तरह मिमियाना !

शपथग्रहण समारोह

वह एक भव्य भवन है, जहाँ
वे शपथ ले रहे हैं
जाने किस-किस को साक्षी मान कर!

शपथ याद रखने के लिए नहीं
लेकर भूल जाने के लिए।

शपथ ससुरी याद रह गई
तब तो वे कुछ भी नहीं कर पाएँगे
जो करते रहे हैं
सिर्फ़ अपने लिए ही नहीं
अपनी सात पुश्तों के लिए

लो मैं—अदना-सा कवि
आप सबकी कसम खाकर
उन्हें बद्दुआ देता हूँ
उनकी एक भी पुश्त आगे न चलने पाए।

शब्दों का दल-बदल

कुछ शब्द थे
जो हमेशा से हमारे साथ थे
जैसे समता, जैसे एकता
जैसे...
आप चाहें तो ख़ुद ही
कुछ अन्य उदाहरण भी जोड़ सकते हैं।

अब वक्त का फेर देखिए
ये शब्द उनके साथ हो लिए हैं
जिनके साथ हम न कभी थे, न हो सकते हैं।

हमारे मित्र शब्द
अब उनकी ज़बान पर हैं
जिन्होंने
उनके अर्थों को सिर पटकने के लिए
उनसे दूर कर दिया है।

उनके अर्थ
बेबसी में
हमारी तरफ़ देख रहे हैं
कह रहे हैं हमसे

हमारे लिए
कोई तो नया शब्द दो
कि हम जी सकें।

हम मरना नहीं चाहते
हम जीना चाहते हैं
अपनों के साथ।

दयालु

जैसे पिंजड़े में पालते हैं चिड़िया
ऐसे ही पालते हैं दया वे अपने दिल में
बड़े जतन से

उन्हें कभी ग़ुस्सा नहीं आता
चाहे कोई किसी का हक़ मारे
गला काटे किसी का
चाहे किसी को गाली दे
वे किसी पर ग़ुस्सा नहीं करते।

वे दया करते हैं दीनों पर।

वे दया करते रहें सदा
इसलिए वे नहीं चाहते, यह धरती
कभी
दीन-विहीन हो।

ठंड

ठंड में कँपकँपाता दिसम्बर
गुनगुनी धूप के इन्तज़ार में है
और धूप अभी ऊपर है

आदमी के औसत क़द से बहुत ऊपर

मेरा नाती
हो चुका होगा तैयार
अपने स्कूल जाने को।

ठीक उसके बराबर का यह
सड़क बुहारने वाला लड़का
उँकड़ूँ बैठा है
नंगे हाथ-पाँव सिकोड़े
अपनी झाड़ू के अपने से दो गुना ज़्यादा लम्बे
डंडे को कन्धे पर टिकाए।

धूप फ़िलहाल उन शीशों पर है
जो उन खिड़कियों के हैं
जो उस कमरे की हैं
जिसके भीतर बैठा परिवार

टी. वी. पर
सेल्सियस में गिरता तापमान देख रहा है।

सड़क बुहारने वाला वह लड़का
टी. वी. से बाहर है
अपने ज़िम्मे की सड़क पर।

चाहता है वह कि उसकी झाड़ू
उसके हाथों के बल नहीं
ख़ुद अपने पाँवों के बल चले।

मगर
झाड़ू के पाँव तो सीकों के हैं
जो सड़क पर घिसते-घिसते
ऊँचे-नीचे हो गए हैं।

गिरना और गिरना

मेरा
मन किया सम्मान करूँ उनका
जो उस आदमी को ठोकर खाकर गिरते हुए
देखकर
हँसे नहीं, न बजाई ताली
बल्कि दौड़ पड़े उसे उठाने को।

दौड़ पड़े उसे उठाने को
मगर यह कहते हुए कि
बहुत आग मूत रहा था
अब आ गई होगी अकल ठिकाने।

मेरे लिए गिरने का अर्थ बदल गया!

वह जो गिरा, ठोकर खाकर गिरा था
यह जो उठाने को दौड़ा
यह गिरा क्या खाकर?

उनकी दुनिया में हम

नन्हें-मुन्नों की दुनिया में
कुछ भी होता है, बस उतना ही
जितना उनकी हथेलियों में आ सके
समा सके जितना उनकी अपनी आँखों में,
मगन रहते हैं वे अपनी दुनिया में
उत्फुल्ल और बेफ़िक्र।

बड़े तो हम होते हैं
उनकी दुनिया में ज़रूरत से ज़ियादह बड़े।

तथागत हे

इच्छा करने से
कुछ तो होता है
चलो, दु:ख ही सही!

न इच्छा करने से तो
कुछ नहीं होता।

न इच्छा करना
असत् है।

3

अपने–अपने कुम्भ

सरस्वती

इस त्रिवेणी में
तुम कहाँ बिछुड़ गई होगी, सरस्वती!

तुम क्या इतनी अबोध रही होगी
कि अपनी गंगा और जमुना से
तुम्हारा साथ छूट गया
और तुम रो भी न सकी होगी?

तुम ऐसी खोईं
कि किसी भूले-भटके शिविर में भी
पहुँचाई न जा सकीं !

गंगा और जमुना—तुम्हारी सहेलियाँ—
तुम्हें अभी भी पुकारती हैं
तुम्हारे नाम से।

और फिर
चुप हो जाती हैं, यह सोचकर
कि अच्छा हुआ,
तुम नहीं रहीं देखने को ये दिन,
जो हमें देखने पड़ रहे हैं
सभ्यता और सियासत और धरम-करम की बदसलूकी के
सैलाब में।

समुद्र-मन्थन

वह समुद्र और रहा होगा
जिसे मथा था देवों और असुरों ने
और जिसे
मथने के लिए ज़रूरत पड़ी थी
मंदराचल-जैसी मथानी की
और वासुकिनाग-जैसी रज्जु की।

इस बार, न असुर हैं न देवता,
हैं—21वीं सदी की बाइसवीं देहरी के पार
दुनिया के सबसे बड़े बताये जाने वाले मेले में इकट्ठे
धार्मिक और राजनीतिक अखाड़ों
के पीठाधीश, मंडलेश्वर, महामंडलेश्वर !

सब अपनी-अपनी
भौतिक लोलुपताओं की
लपलपाती जीभों से
आध्यात्मिक जाप कर रहे हैं

जाप से आकृष्ट
उमड़ पड़ा है चारों ओर से
जन-समुद्र।

इसी को मथा जाना है अबकी बार
धर्म की मथानी को राजनीति की रज्जु से लपेटकर।

जपकर्त्ता आँखें गड़ाए हैं, आशा में कि
इस मंथन से
ज़रूर निकलेगा
कोई अमृत-कुम्भ।

दोराहा

वे दिन पुराण के थे
जब शक्तियाँ अतिप्राकृतिक हुआ करती थीं
सुरक्षित थीं—देवों या असुरों के लिए ,
मनुष्य के लिए अप्राप्य थीं
बशर्ते वह, किसी जंगल या पर्वत की गुफा में
अपनी तपस्या के बल पर
उन्हें प्राप्त कर लेने की चुनौती न देने लग जाए।

इतिहास की आहट सुनाई दी
पुराण के पन्ने विकल हो
फड़फड़ा उठे।

मनुष्य प्रकृति से सीखने लगा
शक्ति के रहस्य—
जो न असुर होकर जाने जा सके थे
न देव होकर।

रहस्य जितना ही अनसीखा-अनसुलझा रहे
पुराण अपने को
उतना ही सुरक्षित मानते थे।

इतिहास ने अपनी पहली दस्तक
सुरक्षित बने रहने के लोभ से नहीं
जोखिम उठाने के साहस से दी।

भविष्य एक ऐसे दोराहे पर
हमारा इन्तज़ार कर रहा है
जहाँ से एक राह पुराण की ओर जाती है,
एक राह इतिहास की ओर

यह सिर्फ़ दोराहा नहीं,
हमारा वर्तमान है—
एक सवाल की तरह वर्तमान
कि हमें किधर चलना है।

प्रवचन

कितने ध्यान से सुन रहे हैं लोग—
ऊँचे भव्य आसनों पर बैठे
तेजवन्त साधु-साध्वियों को,
जिनका वैभव अनन्त
सीधा साक्षात्कार करा रहा है ईश्वर के अस्तित्व का!

मानव-जीवन को सुफल बनाने के
नुस्खे
हर पंडाल में
मुफ़्त

हस्तगत किए बैठे हैं जो सारा वैभव जगत का,
बता रहे हैं वही
जगत को असार!

शाश्वतता की भभूत को अनश्वर मानकर
रमाए हैं/ लपेटे हैं अपने जीवन के शरीर पर,
बता रहे हैं वही
जीवन को क्षणिक और शरीर को नाशवान्।

तिलिस्म ऐसा
कि लोग डूबे हैं
कि सोए हैं या ऊबे हैं।

धर्म-सम्मत

यहाँ सब कुछ ईश्वरमय है,
ईर्ष्या-द्वेष रहित।

कतार-की-कतार
छोटे-छोटे छतरीनुमा टेंट हैं,
तो उधर
वी.आई. पीओचित
सारी सुख-सुविधाओं से लैस
भव्य आवास।

अस्थायी हैं तो क्या?

दुनिया को कहते हैं—
चार दिनों का मेला है,
कम से कम यह मेला
तीस दिनों का तो है।

बाड़े हैं, अखाड़े हैं
झाड़े हैं सब तरफ़ अपना-अपना रोब
सन्त-महन्त

ईश्वर ने दिया है उन्हें अधिकार—
जहाँ चाहें स्थापित कर लें अपना साम्राज्य

चँवर-छत्र धारण करें,
आसनों पर-सिंहासनों पर
हाथियों पर—रथों पर
अपने-अपने दल-बल और गाजे-बाजे के साथ
शंखनाद करें,
निकलें करने शाही स्नान।

दर्शन देकर धन्य करें, उन्हें—
    जो आ रहे हैं
    दूर-दूर से
    श्रद्धा क़े नंगे पाँवों पर चलकर,
    अपने-अपने
    माया-मोह-लिप्त जीवन को
    धन्य किए जाने की आस लेकर।

धर्म इसी आस
की हवा में लेता है साँस
नहीं तो, कब का
घुट गया होता उसका दम
खुल गई होती कब की
ईश्वर की सर्वशक्तिमानता की पोल।

साइबेरियन पक्षी

ये तीर्थयात्रा पर नहीं निकले हैं।

किसी भी पंडे-पुरोहित के पत्रे में
नहीं दर्ज है इनके किसी भी पुरखे का नाम।

ये सतत सैलानी हैं।

इन्हें कोई भूगोलवेत्ता दरकार नहीं है
जो इन्हें बताए
    कहाँ की जलवायु कैसी है—
    इनके जीवन के लिए अनुकूल या प्रतिकूल।

ये अनवरत खोजी हैं—कहीं भी उड़ चलने को तैयार
अपने पंखों के भरोसे।

ये सीधे हवा से पूछते हैं पता
और खोज लेते हैं ठिकाना—
    जहाँ मिल जाय बस उतना
    ज़रूरी हो जो जीने भर को।

इनके लिए कुछ भी पुण्य नहीं है, न कुछ भी पाप।

ये कुछ भी साथ लेकर नहीं आते
न जाते हैं कुछ भी साथ लेकर—सिवा अपनी साँसों के।

ये प्रकृति के जजमान हैं।

नदी की मन्थर लहरों पर रचाते हैं जीवन का रास,
ये पानी के कल्पवासी हैं।

कहाँ से आ जाती है इतनी ताक़त

वे थकते नहीं हैं!

घरों में निहायत अशक्त और असहाय
महसूस करते हैं ख़ुद को,
उनके पाँवों में भी गति है
लड़खड़ाते होने के बावजूद!

कमर झुकी है
झुकता नहीं है हौंसला।

नज़र नही आता कुछ भी
फिर भी लीक सूझ जाती है चलने की।

बेटी-बेटे—
घरों में जो अकेला छोड़ देते हैं,
यहाँ श्रवण कुमार हैं,
कन्धों पर ढोते हैं बूढ़े-बूढ़ियों को।

असहायता—अकेला छोड़ दिए जाने का एहसास है।

यहाँ सब साथ में हैं
समूह में,
और इस उम्मीद में
कि कष्ट उठा लेंगे तो कष्ट मिट जाएँगे
पाप धुल जाएँगे
बूढ़े तर जाएँगे
और सकुशल सब
वापस घर जाएँगे!

आस्था और विचार

विचार को
भाषा में अलंकार की तरह
धारण करते हैं जो
उनके हर वाक्य में
कितनी तरह से, कितनी बार आता है विचार
और विचार
किसी काम का नहीं रह जाता।

आस्था को अलंकार की तरह
धारण ही नहीं किया जा सकता
भले ही वह यमक हो या श्लेष
दोहराई जाए नए नए अर्थों में, या एक ही प्रयोग में
दे जाए कई कई अर्थ।

उसे गठरी की तरह
सिर पर लादकर भी चलना पड़े
तो चल रहे हैं लाखों-लाख लोग।
आस्था की गठरी
कभी भी इतनी भारी नहीं
हुई कि कमज़ोर से कमज़ोर भी उसे
अपने सिर पर रख
न सके।

विचार, तुम्हारी तो धातु ही है चलना,
तब तुम इतने रुके-रुके से
क्यों हो ?
आस्था स्थिति है फिर भी
गति के लिए उसमें कितना
दुर्निवार आमन्त्रण है !

गठरियाँ

ये सब पैदल हैं।
समूह में
और पाँव
बिना जूता या चप्पल।

पानी को भी सीधे महसूस करते हैं
और रेत को भी।

गठरियाँ ही गठरियाँ हैं
सरों पर, कन्धों पर।

पूरी की पूरी गिरिस्ती है
इनमें
अपने-अपने परिवार की,
इन्हीं के सहारे काट लेंगे ये
कितने दिन और कितनी रातें।

शायद ही अटैची या सूटकेस जैसा कुछ दिखे
किसी हाथ में,
वे हाँथ होंगे, तो ज़्यादातर
उनके

जो कल्पवास भी करते हैं वैसे ही
जैसे सैर-सपाटे के लिए
करते हैं होटल-वास
किसी हिल स्टेशन पर।

कल्पवासी गठरियाँ
अभिजात सूटकेसों की देसी विकल्प हैं,
सर से उतार
जहाँ भी रखी जाती हैं
    ज़रूरत भर खुलती हैं, बँधती हैं,
ख़ाली नहीं होतीं
दूरदराज़ से आए   साधारण जनों की
                          आस्था की तरह...

4

छाया–दर्प

आधा 'प'

आधा 'प'
जिससे आरम्भ होता है
हमारी भाषा का सबसे मूल्यवान शब्द
सबसे समूचे अर्थ वाला

अधूरेपन से ही आरम्भ किया हमने-तुमने

आधा 'प' होना
हमारी ही सम्भावना है

कम्बख़्त कौन
होकर पूर्ण
होना चाहता है ब्रह्म?

हम-तुम

यह भी कोई याद करने की बात है
कि कितने साल के हो गए आज
हम-तुम!

याद ही करना है
तो याद करें—ऐसी कितनी भूलें कीं हमने-तुमने
ताकि और इंसान हुए हम-तुम।

दिखे ही नहीं जो कभी हमें-तुम्हें
उन देवताओं जैसा बनने की कामना भी
आख़िर क्यों होती हमारी?

हमने ईर्ष्या नहीं की
कभी किसी भी फ़रिश्ते के भाग्य से।

ईर्ष्या की, तो बस उस आदमी से की
जो दुख में
थोड़ा और बड़ा हो गया
हमसे-तुमसे।

क्षण-कल्पी

निस्सीम नीलिमा है तुम्हारा प्यार
ख़ाली मगर सब कुछ को
भर-भर देता हुआ।

मैं इस अनन्तता को
ढक लेना चाहता हूँ अपनी देह से
ताकि रोम-रोम में
इसे समोता रह सकूँ
अपने भीतर
कल्पों तक।

आसमान मेरा रक़ीब भी हो तो क्या,
क्षण-कल्पी तो मैं ही रहूँगा न!
घुलता हुआ तुममें
कण-कण
      पाता हुआ विस्तार।

हर बार-मेरा पता पूछता

मैं कहीं भी होऊँ
अपने में कितना भी गुम
बंसत हर बार चला आता है
    मेरा पता पूछता
    ललछौह कोंपलों से
    टहनियों पर झुकी आम्र-मंजरियों से

दरवाजों को चाहे कितना भी
उढ़का कर चली गई हो उमंग
बसन्त उन पर थाप दता है   हर बार

एक बिछुड़े हुए दोस्त-सा मुझे पाकर
हो जाता है मुझ पर निहाल
हरी कर देता है कितनी यादें

झाँक-झाँककर वह देखता है
मेरी आँखों में
कि मेरे भीतर
    अभी-भी
    कहाँ-कहाँ बचा है क्या-क्या
    अँखुआने को

छू-छूकर
देखता है वह मेरा रोम-रोम
कि किसके नाम की कितनी सिहरन
लाया है वह अपनी गमकीली गठरी में

वह आँख मार-मारकर मुझे बताता है
कि देखो, हवा कितनी बेसब्र है

वह खिलखिलाता है,
उसके एक इशारे पर
खुनक उठती है हवा—
खुल जाती है हवा के हाथों उसकी
गठरी की गाँठ

ले उड़ती है हवा उसकी गमक
चारो ओर   हर बार,
मैं कहीं भी होऊँ
अपने में कितना भी गुम

मैं-तुम

पेड़ में
किसी पत्ते की तरह
गुम हो जाता हूँ मैं

तुम हवा-सी
आओ सरसराती
पूरे पेड़ में
ढूँढ़ निकालो मुझे
छूकर

पहला प्यार

पहला पाठ
नैतिकता का
मुझे पढ़ाया गया—
तुम उस देश में जनमे हो
जहाँ पाप का रंग काला होता है

पहला प्यार
मैंने किया जिस लड़की से
वह काली थी।

उस प्यार में
दुनिया के पवित्रतम इंसान
हुए थे हम दोनों।

अब वह लड़की
देस-दुनिया के किस कोने में होगी
किस उमर की
मुझे नहीं पता।

लेकिन मेरे दिल में
वह अब भी जवान है
अब भी उतनी ही चमकभरी आखों वाली।

कब का बूढ़ा और बेताब
और बेदीद
हो चुका है वह पाठ
कि पाप का रंग काला होता है।

आती ही हो हर बार

खासी अफ़वाहें
उड़ा लेते हैं कभी-कभी कुछ अनुभव भी।

जैसे प्रेम के बारे में,
कि प्रेम एक भुलावा है—एक छलना है
जैसे सपनों के बारे में
कि सपने मिथ्या होते हैं—एकदम अवास्तविक।

तुम आती हो—
आती ही हो हर बार किसी-न-किसी रूप में—
आते ही जाने कौन-सी घुट्टी पिला देती हो
इन अनुभवों को
कि वे भूल जाते हैं उड़ाना अफ़वाहें।

प्रेम होता है तब—जीवन का
सबसे ताज़ा सच
सपने होते हैं तब—वास्तविकता का
सबसे सुन्दर आकार।

बसन्त से निवेदन

अमराई में कोयल कूक रही होगी
आम के बौर आ गए होंगे
सरसों फूली होगी खेतों में
पीली चादर ओढ़े

हवा में इन सबकी गमक होगी

मैंने हवा से पूछा—
    किधर से आ रही हो?
वह कुछ नहीं बोली
सरसराती हुई आगे बढ़ गई
स्पर्श की रस्म अदायगी-सी करती

कोई रुचि नहीं थी हवा को
किसी रोमांच में

छेड़छाड़ की भी उसने
तो मेरे हाथों और मेरी आँखों
के बीच फँसे अख़बार के पन्नों से की

पन्ने इधर-इधर उड़ चले
उड़ चली उन पर मेरी नज़र भी

प्रेम बसन्त में भी ख़बर ही रहा—
ख़बर—
प्रेम में कोई लड़की किसी लड़के
के साथ भाग गई
दे दी किसी ने किसी के लिए जान
प्रेम में

ले ली किसी ने, किसी की जान
प्रेम में

अखबार के पन्नों पर
ऐसे ही आता है प्रेम
रोज़ बिला नागा

बंसत,
अपने आने की खबर देने का
थोड़ा-सा शऊर
तो बचा लो
प्रेम में।

प्रेमी-प्रेमिका

प्रेम को उन्होंने कागज़ की तरह फैलाया।

पुरुष ने स्त्री की तसवीर बनाई उस पर
वह स्त्री की सबसे खूबसूरत तसवीर
हुई उसके लिए।

स्त्री ने पुरुष का चित्र बनाया उस पर
वह पुरुष का सबसे खूबसूरत चित्र
हुआ उसके लिए।

इस तरह दोनों
प्रेमी-प्रेमिका हुए।

हम-तुम नहीं बना सके एक-दूसरे की आकृतियाँ
मगर इसमें उदास होने की क्या बात है।

प्रेम हमें कागज़ की तरह तो मिला नहीं था
ज़िन्दगी की तरह जो कुछ मिला
वही तो हमारा प्रेम है।

छाया-दर्प

छाया ही दिखी
जिसने कहा—मैं तुम्हारी हूँ।

रोशनी जिधर से आ रही थी, उधर तो
मेरी पीठ थी।

छाया से मैंने कहा—
लो, मैं तुम्हारी तरफ़ पीठ कर लेता हूँ...

छाया मुस्कुराई—
    तब भी मैं रहूँगी
    तुम्हारी ही।

    फ़र्क़ सिर्फ़ यह होगा
    कि तुम्हें दिखूँगी नहीं।

सम्बन्ध-भाव का यह दर्प
रोशनी में कहाँ?

खिड़की

जाने कैसी हवा चली
खुल गई उम्र के पिछवाड़े की खिड़की सहसा

टेसू वहाँ नहीं लहका था
सरसों वहाँ नहीं फूली थी
कुछ भी ऐसा नहीं दिख सका, जिसमें
अमराई का भ्रम हो
कान लगे के लगे रह गए
दिशा-दिशा में
शायद कोई कोयल
उनके लिए कुहुकने को आतुर हो कहीं...

जहाँ कहीं कुछ हरा मिला
आँखों ने ललक-ललक कर टोहा
शायद उनके लिए
चने का कोई पौधा
हरी ओढ़नी लिए खड़ा हो

जाने कैसी हवा चली

अँजुरी भर जल

अपनापा अपनी अँजुरी
कितनी भी कसे
विश्वास का जल
कुछ न कुछ
रिस ही जाता है हर बार !

भरी दुनिया में
दिखाई जाती रही हमें
अपनापे की औक़ात

फिर भी हमने
जब भी माँगा
अँजुरी भर
जल ही माँगा।

रोशनी का दिया अँधेरा

अँधेरा काम्य नहीं है
तो भी
स्वीकार्य है अगर वह
रोशनी का दिया हुआ हो

क्योंकि तब वह
अँधेरा नहीं होता
होता है हमारी अपनी छाया
हमारे होने को प्रमाणित करता हुआ।

तोष बस इतना

डूब नहीं सका कभी भी पूरा
कहीं भी—
    कुछ भी रहा हो
    कितना भी सुन्दर।

डूबना—मेरी कामना ही बना रह गया
यह भी तो नहीं
कि तरकर लग गया होता पार।

तोष है बस इतना—
पाता रहा कुछ संशय
आत्मा के मित्र बनने लायक़।

अब बिनस भी जाऊँ
तो कुछ ग़म नहीं।

अविनाशी   यों भी
    कब क्या रहा
    कुछ भी इस संसार में।

दीवाली की रात

अमावस की रात
अँधेरा—निपट अकेला,
दीवाली के दियों के उजाले ने
उसे आवाज़ दी—
    आओ, हम दोनों मिलकर
    दीवाली मनाएँ !

अँधेरा सीझ गया अपनापे से,
उसने भी एक दिया उठाया
    कृतज्ञतापूर्वक
    स्मरण किया
    उस कुम्हार का—
    जिसने मिट्टी से दिया बनाया।

नींद-इन दिनों

नींद इन दिनों जब भी आती है
एक भटके हुए मुसाफ़िर की तरह आती है
रैन-बसेरा लेने के लिए पलकों में।

कन्धे से उतार कर रखती है अपनी गठरी ज़मीन पर
खोल कर उसमें उलट-पुलट
देखती है एक-एक सपने को—सब
सही-सलामत हैं कि नहीं।

तभी, पास के स्टेशन से गुज़रती किसी गाड़ी की
सीटी आती है आहिस्ता-आहिस्ता
हवा में तैरती हुई
कानों से गुज़रती है
नींद चौकन्ना हो जाती है
झट्-से समेटती है अपनी गठरी
और चल देती है
जाने किस गाड़ी पर सवार होने के लिए!

चाँद की रोशनी

सूरज,
मैं तुम्हारे मुँह पर क्या तारीफ़ करूँ,
पीठ पीछे करता हूँ—
तुम ही हो, चाँद को रोशनी देते हो
और
क़तई कोई एहसान नहीं जताते
न उसे होने देते हो एहसास
कि उसकी रोशनी उसकी अपनी नहीं,
तुम्हारी दी हुई है

कितनी शीतल है यह रोशनी—
किसी कर्ज़ में नहीं मिली है यह!

अनाम नीलापन

मेरी आँखों में नीलापन छा गया है

तुम्हें पता था ऐसा होगा

तुमने बरजा था मुझे,
नीलेपन को कोई नाम न देना

'आसमानी' कहोगे, तो
यह सिर्फ़ आसमान का होकर रह जाएगा

'समुद्री' कहोगे तो यह सिर्फ़ समुद्र का होकर रह जाएगा

उस फूल-सा भी मत कहना जिसे
'अपराजिता' जैसा गर्वीला नाम दे रखा गया है
'नीलकंठी' कहोगे तो यह उस पंछी का होगा, जिसे देखना
लोग शुभ मानते हैं
या, उस शिव का होगा
जो हम हो नहीं सकते
कि विष पीकर गले से नीचे उतरने न दें

उदाहरण पर उदाहरण देती गई थीं तुम

और तब
तुम्हारे मुख पर आखिरी बार
जो हल्की स्मिति देखी थी मैंने
तुम्हारी नाबीना आँखों में
रंग उसका भी नीला था

अब भी

पंख सारे भीग चुके थे
बहुत से टूट पहले ही चुके थे
पर चिड़ियाँ थीं कि उड़ने की ज़िद
फिर भी ठाने थीं।

कब की उड़ गईं वे चिड़ियाँ
पर लगता है, अब भी यहीं कहीं
उड़ रही हैं
मेरे आँगन के हिस्से के आकाश में।

उनका स्वर अब भी मेरे हिस्से में हैं।

कितना सुन्दर जोड़ा

वह एक उजली सुबह थी
फ़रवरी के कम होते जाड़े और बड़े होते दिन की।

और वह एक—बहुत सुन्दर जोड़ा था—
एक बूढ़े और एक बुढ़िया का।

दोनों—बहुत आहिस्ता आहिस्ता—
टहल रहे थे फ़ुटपाथ पर
एक-दूसरे के सहारे।

दोनों बीच-बीच में ठिठक जाते
झुकी हुई गर्दन थोड़ी सीधी करते,
सामने से होकर दूर जाती सडक का
विस्तार देखते, और फिर
लौटाकर अपनी नज़रें
टिका देते एक-दूसरे पर।

कह रहे हों जैसे आँखों ही आँखों में—
कम नहीं हैं एक-दूसरे के लिए हम,
दुनिया चाहे कितनी भी बेख़बर हो
हमसे-तुमसे

सड़क के इधर या उधर।

उनके उजाड़ चेहरों पर एक घर बसा था
अब भी
जहाँ उम्र की नज़रों से छिपकर
सन्तोष और मुस्कुराहट की लजीली मुलाक़ातें
अभी भी सम्भव थीं।

मैं मानो एकाएक चोरी करते पकड़ा गया
और मुक्त हुआ
सज़ा पाकर नहीं, बख्शीश पाकर।

काश, मेरी आँखों में
इतनी समाई होती है कि उस
सुन्दरता को सहेज पाता मैं भरपूर !

दिखा लूँ थोड़ी धूप

कोने-अतरों में रख दी गईं
बहुत-सी चीज़ें
हम समझते हैं कि सुरक्षित हैं
और वे सील जाती हैं।

ठंड में हम सिकुड़ते रहते हैं
धूप चहकती हुई आती है हमारे आस-पास
बना ही लेती है कहीं न कहीं जगह
अपनी चटाई बिछाने भर की...

और फिर
थोड़ी ही देर में
लपेटकर अपनी चटाई
चल देती है उदास।

आओ, थोड़ा-सा तो वक्त जुटाएँ हम दोनों,
बैठें धूप की चटाई पर।

नहाकर आई हो तुम
खोलकर सुखा लो अपने गीले बाल
और मैं भी दिखा लूँ
थोड़ी धूप अपने मन को,
ऐसा न हो कि वहाँ भी
कहीं कुछ पड़ा-सा सील रहा हो!

मेज़ पर जमी धूल

मेज़ पर धूल जमी है
परत पर परत
इसके नीचे कोई शब्द
शायद दबा पड़ा हो
कितने दिनों पहले का...
आख़िरी बार लिखे जा चुके
मेरे किसी शब्द का विछुड़ा साथी

मन करता है, हल्के से
किसी उँगली से धूल को छुऊँ
उस छुअन के सहारे
शायद वह शब्द
उचक कर मेरे होंठों तक
या मेरी कलम की नोक पर
आने की थोड़ी ताक़त पा जाए

न न न,
धूल गहरी नींद में है

वैसे भी मेरे जीवन में
जिसे नींद मुश्किल से आती थी
एकाएक गहरी नींद में सोते
उठकर कहीं चल दी है

नहीं, नहीं चाहता
मेज़ पर जमी धूल यों अलविदा कह जाए

कमपन इतना

मैं न सका पहचान उसे

वह मिला
एकाएक

विस्मित था विश्वास
कि इतना
अनपहचाना
रह जाना...

स्मृति के जल में
कम्पन...
कमपन इतना
कि न कुछ उभरा
डुब-डुब
डुब-डुब

विश्वास डूबता
विस्मय के जल में !

5

न होने में होना

कुछ और कविताएँ

: 1 :

स्मृति :
न होने में होना

कल्पना :
होने में न होना

नहीं, तुम कल्पना नहीं हो
हो साक्षात्

न होने में हो,
स्मृति

: 2 :

तुम मुझसे दूर हो

अलंघ्य अनन्त दूरी—
न जाने कितने प्रकाशवर्षों की

मैं तुम्हारे एकदम पास हूँ
इतने पास
कि तुम दिखती ही नहीं :
नहीं-सी दिखती हो

कैसे पूछूँ तुमसे
    क्या तुम्हें मैं दिखता हूँ?

: 3 :

तुम्हें मैं देख तो रहा हूँ
पर **देख नहीं** पा रहा हूँ

तुम मेरी बाहों में तो हो, मेरे सीने पर सिर टिकाए
पर मैं तुम्हारे स्पर्श से वंचित हूँ
हवा में तुम्हारे होने की सिहरन तो है, पर मुझमें
कुछ नहीं होता

देख रही हो—आकाश की अनन्त नीलिमा में
वह एक तारा !

वह एक तारा—देखने में कितना छोटा है—
सच में शायद इतना छोटा न भी हो, चमक अपनी
बनाए रखने में कितना थक गया है !

कितना अकेला है—इतने सारे तारों के बीच

मन स्वीकार नहीं करता कि वह अकेला है, सचमुच।
पर दिखता तो है।

तो क्या—जो दिखता है, वह सच नहीं होता?
या, जो नहीं दिखता है, वह झूठ नहीं होता?

कहो तो,
तोष कर लूँ यह मानकर—
दिखने और न दिखने के बीच
    शायद कुछ हो
    जो
    तुम हो...

: 4 :

अकेला न होता तो क्या दिखता?
क्या तुम मुझे अकेला छोड़ गईं कि मैं दिख सकूँ
औरों को कि मैं हूँ

तुम थीं   तो तुममें अपने को देखना
मेरे लिए कितना सहज था और अपने में तुमको

अब कोशिश करता हूँ अपने को देखने की
दुनिया में
तो दुनिया ही खो जाती है

रहने को दुनिया कहाँ तलाशूँ

नहीं मालूम वो जगह जहाँ मैं हूँ
तुम मेरे साथ जहाँ हो
स्मृति की दीवार से टिकी एक
    परछाईं वहाँ दिख रही है
    मेरे अकेलेपन   की

: 5 :

अलबम तुम्हारे कितने चित्रों को सहेजे है
मेरे लिए

ये चित्र हैं या मक़बरे!

उन लमहों के मक़बरे
जो समाधि-लेख की तरह लिखे जाने के लिए
अपनी कोई लिपि खोजते-खोजते
ख़ुद खो गए

: 6 :

मेरे अकेलेपन की अलगनी पर टँगे
गीले कपड़ों से
टप्-टप्   पानी की बूँदें नीचे गिर रही हैं
जैसे अभी-अभी   नहाकर
स्नानागार से निकला हो कोई
और   कहीं जाने की जल्दी में
    अपने कपड़े   बिना निचोड़े
    सूखने को—यों ही टाँगकर—
    चल दिया हो

मैं देख नहीं पाया
या   जानबूझकर अनदेखा कर गया !

: 7 :

पुरानी चिठ्ठियों मे एक चिठ्ठी मिली
जिसमें कुछ लिखा नहीं दिखा

तुम्हारी ही होगी यह, क्या यह मेरा सिर्फ़ अनुमान है?

अनुमान ही सही। पर आश्वस्ति भी तो है।

जिस तरह तुम मेरे जीवन में एक जगह ख़ाली छोड़ गई हो
वैसे ही यह चिट्ठी भी ख़ाली जगह बनकर रह गई
होगी, जब लिखने के लिए
कहीं रख दी गई क़लम उठाने तुम गई होगी

और वह क़लम तुम्हें नहीं मिली होगी
क्योंकि तुम्हें कुछ और याद आ गया होगा
और इस बीच भूल गई होगी
कि जिस कागज़ पर तुम्हें लिखना था
उस पर बिना कुछ लिखे ही
तुमने उसे पोस्ट कर दिया है।

: 8 :

अब शब्द नहीं आते
बस ध्वनियाँ आती हैं
बुलबुलों-सी
ख़ामोशी के ठहरे जल में
जब कोई अर्थ खुलने की कोशिश कर रहा होता है

अनावृत ध्वनियाँ
अपना अन्तरिक्ष चाह रही हैं मुझसे

मैं क्षितिज को
अपनी आँखों का आकाश अर्पित करता हूँ

: 9 :

मैंने कहा—ठहरो !
किससे कहा मुझे ख़ुद पता नहीं

मेरी आवाज़ सुनकर कोई
ठहरा भी या नहीं—

नहीं पता
'ठहरना' क्या सचमुच अकर्मक क्रिया है

मैंने गति के आत्यन्तिक निषेध के लिए
तो नहीं कहा था—'ठहरो'।

: 10 :

हो ली जो होनी थी

न वो रंग रहे
न वो रोली

आँखें अलबत्ता कुछ अर्पित कर रहीं हैं
थोडा-सा पानी—
    जो पूरा जल ही है—जिसके नाम का कोई रंग नहीं है
    बूँद-बूँद सा ढल रहा है
अब तो वह रुमाल भी नहीं है
जो इन्हें अपने में सोख लेता था
    सहेजने को

इनमें से एक बूँद
कैसी आ गिरी है
    मेरी दाहिनी हथेली पर
    तूम्हारे माथे की
    टिकुली-सी !

: 11 :

लौटा फिर मैं
पर वही नहीं—जो तुम्हारे साथ था

न वहीं
जहाँ तुम्हारे साथ था

न वही मैं
न वही तुम

है
एक निपट अकेला खोयाहुआपन
मेरे नीले वीराने में
और ख़ामोशी
तुम-सी !

: 12 :

तुम्हीं तो कहती थीं
अँधेरे में अपनी छाया भी साथ छोड़ जाती है

पर यह कैसी छाया है मेरी अपनी ही
जो अँधेरे में भी मेरे साथ लगी है
मुझसे अलग नहीं है
न अदृश्य

तुम कही रोशनी में हो
जिसने तुम्हें

मुझसे ओझल कर दिया है
अपनी ओट देकर

अब तुम ही छाया हो
ख़ुद अपनी भी
और मेरी भी

: 13 :

फिर आ गए नए पत्ते
मीठी नीम की डाल पर
जो तुम्हारे घर की बाउंड्रीवाल के इधर खड़ा है

फिर उतर गए चेहरे उन पौधों के
फूलों के
जो किसी पौधशाला से लाकर
तुमने अपने गमलों में लगाए थे

: 14 :

फिर आ गया अप्रैल
दिनों के सीनों में
तारीखों से बिंधे
किसी प्रायश्चित की हूक-सा

तुम्हें गए एक साल हो गया

पर अप्रैल तो जैसे कहीं गया ही न हो

जैसे हो गया हो पूरा-का-पूरा एक साल उसे
मेरे आसपास ही
कहीं किसी ओट में मँडराते

एक ऐसी माफ़ी-सा
जो न वो कभी मुझसे माँग सका
न मैं उसे दे सका

: 15 :

एक एहसास या
अदृश्य डोर-सा

जिसका एक छोर तुम्हारे हाँथ में था
एक मेरे हाँथ में

हम दोनों के जीवन की लय
इसी अदृश्य डोर के तरंगदैर्ध्य-सी
सधी थी

तुम्हारे हाँथ से छूट गई डोर का
जो छोर मेरे हाँथ में रह गया है
उसे छोड़ पाना
मेरे हाँथ में कहाँ ?